一期一会の四国遍路旅

八十路へ

長濱　勝

東京図書出版

序にかえて

四国遍路の三十日間は、一期一会の毎日であった。もう再会する可能性がほぼない地元の人々から受けた厚意は、夢のような出来事であった。自分など苦行とは言い難い遍路行であったが、老齢の身にはもう歩きを中断していったん帰郷しようかと思ったこともしばしば。それでも八十八か所を一筆書きで回れたのは、道々で支えてくれた住民の存在があったからこそだった。

当初、全行程を歩くつもりでスタートしたが、第12番霊場、焼山寺からの下山で、夫婦連れの車が同乗させてくれたことから、歩き遍路は不完全となり、一部にバスや列車も利用することになった。自分では、コミュニティーバスなどで受けた温かい道案内やお接待も得難い体験だと受け取っている。

道中、山道を三十分も同行して案内してくれた人、自転車から下りて泊まりの宿まで日暮れまでともに歩いてくれた人、雨中、歩いているこちらに「何か温かい物でも」とお小遣いを握らせてくれた人など、数えきれないほどの接待という名の住民の善意を受けた。ここには、お遍路にたいする四国住民の気遣いが息づき、ひとつの希望あるコミュニティーがあると思えた。

そのおかげで、高野山を含め八十八か所を巡る四国遍路を終えることができた。毎日、一寺以上は回り、脇見をする余裕はなかった。四国遍路には、定年を迎えた六十代のころから一度は実現させたいという願望と期待があった。「いつかいつか」と思っているうちに四国周りに足がついて行かなくなったという話も聞く。八十歳を目前にした春、幸い、時間のゆとりに恵まれたこの時期、思い切って全長約千四百キロの遍路路に旅立つことにした。

遍路の日々、これまで一日一句をモットーに詠んできた俳句も添えている。

一期一会の四国遍路旅　八十路へ

目次

高知県――愛媛県

「お遍路ハウス」の女主人

第1日目

（JR中央本線・富士見―名古屋、新幹線・名古屋―新神戸、高速バス・新神戸―鳴門西）

私が居住する長野県富士見町から、四国・徳島に向かう。宿泊は「お遍路ハウス」。第1霊場・霊山寺がすぐ前にある。高速バスの鳴門西駅まで宿の女主人が車で迎えに来てくれていた。丁度、アメリカ人のお遍路さんが神戸から着いていて、同乗して宿まで向かう。途中、遍路用品一式を売る店に寄る。備品は金剛杖、菅笠、白衣、輪袈裟《わげさ》、頭陀袋《ずだぶくろ》、経本、数珠、納経帳、納札、線香、ロウソクなど多岐にわたる。一式を揃えなければならないという決まりはないが、これまでの俗世間と一線を画したいという気持ちから、衣装も新しくしたかった。

靴は山道を想定してトレッキングシューズを新調した。後日、このシューズによる足のマメで難儀することになる。

宿の「お遍路ハウス」の女主人は高原道隆さんと言い、尼さんだ。高原さんのリードで備品を買い揃え、宿に戻ってからも遍路作法の説明を受ける。アメリカ人はサンフランシスコから来た六十八歳のポールさん。すでに高野山参拝は済ませていた。日本語は片言だが、高原さんが携帯の翻訳ツールなどを使ってうまく説明していた。外国人の遍路も多く手慣れた対応だった。

その夜はコンビニ弁当を買って、済ます。缶ビールはOK、ただしシャワーのみで朝食はお接待という。二千八百円の宿代は格安だ。ポールさんは神戸から買ってきた弁当を食べ、午後六時半には早々と食堂から部屋に戻っていった。七時には寝たと言う。

旅支度山の彼方に春を見る

宿泊：お遍路ハウス

徳島県

アメリカ人お遍路と同行

第２日目

（第１番霊場・霊山寺―第２番霊場・極楽寺―第３番霊場・金泉寺―第４番霊場・大日寺―第５番霊場・地蔵寺―第６番霊場・安楽寺）

「お遍路ハウス」の主、高原さんは尼さんであるが、髪はある。八十一歳でお遍路指導に精力的に動く。朝は接待でパン、コーヒー、卵焼きの朝食を作ってくれた。ポールさんを急がせ、ともに第１霊場の霊山寺まで軽四輪で運んでくれた。鐘のつき方から線香やお経のあげ方まで礼拝の作法を実地で教えてくれる。彼女自身、徒歩で二度、八十八か所を回ったのをはじめ、バスなどで計三十回以上、巡礼をしている。霊山寺はパワースポットにもなっていて、平日にもかかわらず観光客で賑わっていた。

午前八時過ぎ、女主人に見送られて霊山寺前からポールさんとスタート。ポールさんとは途中で離れたり、再会しながら、二人で記念写真を撮ったりした。お互い日本語と英語の片言のやり取りながら、彼も親近感を持ってくれたようだ。

標識を頼りに道を行くが、時々それが遍路道かどうか不安になる。しかし道を聞くと、菅笠、白衣、金剛杖姿のこちらに住民はみんな親切に教えてくれる。これも接待に違いない。ただ六キロを過ぎたあたりから、持病を持つ腰の張りを覚え、お経をあげる声も小さくなってくる。十キロを過ぎると、

納経帳表紙

納経帳印

今度は足の指にまめができたようで、つま先に痛みが走る。車のチェックをしていた中年男性に第6霊場までの距離を聞くと「あと二キロほど。その足では四十分はかかるでしょう」と言う。そんなに遅いスピードで歩いていたかと気が滅入る。

きょうは第7霊場まで行く予定が、寺の納経作業が十七時までにつき第6霊場で打ち切り。宿泊先から、仁王像が見下ろす安楽寺門前まで車で迎えに来てもらう。

ただ歩くお遍路道に枯れすすき

宿泊：越久田屋《おくだや》

ランニング回りの若者

第3日目

（第6番霊場・安楽寺―第7番霊場・十楽寺―第8番霊場・熊谷寺―第9番霊場・法輪寺―第10番霊場・切幡寺）

昨夜は宿泊先から近くのスーパー銭湯まで送ってもらったが、帰りは夜道に迷い、銭湯まで引き返す。宿泊先に電話していたところ、それをそばで聞いていた入浴客の男性が「私が送った方が早い」と宿屋まで軽トラに乗せて行ってくれた。見ず知らずの中年男性、それも風呂上がりでお遍路姿でもなくなっているこちらを運んでくれる。旅先の親切は骨身にこたえた。

きょうは昼食もとらず集落の中から田園地帯、さらに阿波市と吉野川市をつなぐ全長820・6メートルの阿波中央大橋までひたすら歩く。顔は花粉症で目のかゆみから鼻水、くしゃみが止まらない。両足は広がるまめとたたかいながら、ひたすら我慢。それに生乾きの衣類やパソコンをつめこんだリュックの肩紐が切れて、何度となく結び直す。大河、吉野川の土手に出ると、強風で菅笠が飛び、胸に抱える。

各寺の礼拝所では白装束に固めた僧侶らしき二人連れに会う。もちろんお経は暗記していて、その声の張りはプロらしく響く。しかし、参道の階段を下りると車に乗り込んでいた。車で回るお遍路もありなのだ。一方、軽快な足取りで階段を駆け下りるランナー風の若者もいて、聞くとトレイルランニングの選手だと言う。彼は足を止め、しばらく私と付き合って並歩してくれたが、先に行くように促した。

遍路道菜の花に問う人の道

宿泊：さくら旅館

「お遍路ころがし」で難航

第4日目
（第11番霊場・藤井寺─第12番霊場・焼山寺）

難行の末、11番藤井寺から12番焼山寺まで行き着いた。だが納経場締切の17時をとっくに回って、あたりは薄暗い。このコースがこれほど過酷とは……。遍路転がし、「最後まで残った空海の道」と呼ばれる所以だ。

この日、スタートは八時と遅く、途中、食べたのはさくら旅館からもらった薄焼き煎餅2枚、水分は缶茶一本。甘く見ていた。旅館のオーナーから添えられた手紙には「徳島で一番の難所・焼山寺、足元に注意してマイペースで頑張れ！」とあった。「八十八か所巡りが出来ることは大変、お幸せですね」ともあった。その幸せを感じる間もなく藤井寺から難所・焼山寺への山道が控えていた。

藤井寺ではアメリカ人・ポールさんと再会する。彼とは共に顔を並べて、自撮り写真を撮ったりした。日ごろボランティアで日本語教師などをしているので、外国人にたいする違和感がないので助かっている。ポールさんは先に焼山寺に向かったが、金剛杖を本堂前に置き忘れている。急いで追いかけ裏山から登り始めたところに声をかける。初日には私が数珠を落として見失っていたところに拾って渡してくれていたので、お返しができた。

彼は握手しながら「よく忘れてしまう。サンキュー」と言って感謝し

道中の難所・12番焼山寺

た。

藤井寺に戻って納経を済ませたあと、山登りに入る。十二・五キロあるこのコースの難行ぶりは予想を超えた。途中、追いついてきた韓国人青年が「きょうの宿がまだ決まりません。どこか知りませんか」と聞くので、ガイドブックから二、三軒、紹介した。予約が取れればいいが……。韓国人に追い越された以外は静まり返った山道をひたすら登り歩く。花粉症に両足のマメの広がり、それに途中から襲ってきた腰痛の三重苦。リュックの肩紐が肩に食い込む。峰から峰が連続して、後半は足がふらついて谷に転げ落ちそうな危機もあった。

山道の途中には墓標や小さな地蔵が立っている。昔は行き倒れたお遍路さんがそのまま埋葬されていた地だ。ひんやりとした空気が流れていた。

到着が遅れた宿から何度か電話が入っていたようだが、携帯をリュックから取り出す余裕もない。疲労が極まった状態で焼山寺に着くと夕闇が迫り、寺は閉まっている。旅館に電話すると「もう、今夜の到着は無理でしょう」と言われて焦る。野宿の準備などない。しかし、旅館紹介のタクシー会社に電話したところ、危機を察した運転手が車道を回り、門前まで迎えに来てくれた。

ウグイスや一期一会の遍路道

宿泊：さくらや

「悔い残す」との忠言

第5日目
（第12番霊場・焼山寺）

無駄の効用ありと信じたい。昨夜、到着遅れで焼山寺でもらえなかった納経朱印の取得のため再び反対方向から山登り。前日のコースより楽な道だが、それでも山道が続く。昨日の山登り前に案内を受けたボランティアガイドに電話すると「焼山寺はいい寺です。ここで納経しておかないと悔いを残しますよ」との言葉に逆戻りして再度、焼山寺を訪ねることになったのだ。

焼山寺は背後に森を抱く、いかにも山寺という風情。農協の団体20人ほどが先客でお経を上げていた。厳格そうな僧侶が「どこから来た？」と聞きながら、納経帳に筆を執っていた。他の寺では若い女性や中年女性が納経の役目を務めることが多い。そのお代は300円が通例だが、この寺は

５００円、格式の違いを示すためか。

寺からの帰り、車で巡礼していた中年男性に道の確認をしたところ「乗せてあげるよ」と言ってくれる。また来た道と同じ道を下るのかと気持ちが萎えていたところに渡りに舟、善意に甘えることにした。前日にタクシーを使ったところで全徒歩走破の構えは崩れていた。国道まで送ってもらったところで、バスで次の目的地、第13番霊場・大日寺を目指す。だが数駅過ぎたところで、バス停に金剛杖を忘れてきたことに気づく。

杖自体は次のお寺で買えば済むことだが、杖は「同行二人」、大師の分身でともに歩いてくれることになっている。しかもここまで難行をともにしてくれた杖を放置するわけにはいかない。歩いて戻ること一時間以上、こんな時の距離は倍以上に感じる。遍路道で「愚になれ！」という標識もあったが、この無駄にも何らかの効用があると思いたい。

宿泊：名西《みょうざい》旅館　口花

春宴の邪念焼けと焼山寺

一人貸し切り状態の宿

第6日目

（第13番霊場・大日寺―第14番霊場・常楽寺―第15番霊場・国分寺―第16番霊場・観音寺―第17番霊場・井戸寺）

泊まる宿のオーナーはいずれもフレンドリーでお接待の心を持った人たちだ。前日に泊まった名西旅館の客は外国人ファミリーを含め9人。オーナーは70歳、客には笑顔を絶やさない。自分には聴力が衰えたこともあって地元なまりの言葉が聞き取りづらい。適当に相槌を打つ場面が多いが、それでも遍路コースの取り方から頭陀袋の提げ方、旅行クーポンの使い方まで、多忙ななかでも嫌な顔一つせず手ほどきしてくれる。

今夜の歩き遍路宿びざんのオーナーは、客が私一人だったこともあって、晩酌に付き合いながら公共交通機関を活用して霊場を回る方法や宿の取り方など、遍路初心者の心を読むようにアドバイスしてくれる。登山家で信州の主な山々は踏破したという。75歳。山小屋からランクを落として遍路宿を始めたと語る。遍路宿のイメージとは違い、寝室にはベッドが入り、浴槽も手足が伸ばせるほど広く清潔だ。今回、初めてのベッドルームで腰が痛むこちらには有り難い。

遍路道は梅が満開、桜のつぼみも大きく膨らんでいる。お寺周りをする人は今や車を使う人が多いが、多数の外国人が歩きにこだわっている。バスを使い、降りた停留所でリュックを下ろしていると、年配のお遍路から声をかけられた。疲れたので今回は、徳島駅まで戻り、フェリーで大分に帰ると言う。七十五歳ですでに二度、四国周りを終えていて、今回は五、六年先を見据えた長期計画だ。お遍路さんにも多様な形態がある。

遍路道交わす笑顔が春を呼ぶ

宿泊：歩き遍路宿びざん

「修行が足りん」と言われ

第7日目
（第18番霊場・恩山寺―第19番霊場・立江寺―第20番霊場・鶴林寺）

歩き遍路宿びざんのオーナーのアドバイスに沿ってバスを乗り継いで恩山寺に向かう。いったん原則歩きというタガが外れると、バス使用に抵抗がなくなってくる。ＪＲ徳島駅で恩山寺前行きバスを待っていると、中年女性が焼山寺に近いコースのバスを探していると言う。

「主人から日頃、修行が足りんから悟りを開けと言われ、大阪から四国の霊場巡りをしようと思ったんよ。主人は讃岐の人やさかい」「ご主人は来んの？」「来るかいな～。四国の人は歩いたりせんよ」。ここでは関西弁が主流。大阪で育ったこちらも、関西弁に圧倒される。

立江寺では、名西旅館で一緒だったオーストラリア人家族と再び会う。同じコースをたどると、どうしても宿泊所や霊場で何度か顔を合わす機会が多くなる。夫婦は小学生ぐらいの男の子を二人連れている。こちらと同じようなペース、しかもファミリーで回っている。自分の足がそれだけ遅いのだ。

立江寺からまたバスで中継地の南小松島駅に戻る。駅の観光案内所の係員に交通の便などを聞いていると、1時間半待ちだったバスがするりと出てしまった。追いかけて叫んだが、気づかず去ってしまった。さらに一時間半待ち。観光案内所の係員は責任を感じてか、宿泊先まで車で送ってくれるというボランティアを連れてきてくれた。

ボランティアは七十二歳男性、霊場を巡る団体客のお供などをしている。肝臓がんの手術をして三年、いま体調は良さそうだ。「ついでだから次の鶴林寺に寄ってあげましょう」と言ってくれる。大師さんのお恵みだと思って、厚意を受けることにした。

お遍路について来いよと初燕

宿泊：ふれあいの里さかもと

「逆打ち」に挑む青年

第8日目

（第21番霊場・太龍寺―第22番霊場・平等寺）

「ふれあいの里さかもと」は廃校になった小学校を改築して旅の宿にした。こちらの部屋は旧図書室で、二つに区切られているが、十八畳ほどの広さがある。二食付きで、いずれも地元の主婦が作った山菜料理が出てくる。客からは最寄りの道の駅から送迎もしてくれ、風呂場も何人もが入れて開放的だと好評だった。

久しぶりの雨が夜中に降った。朝には上がっていてお遍路には幸運だ。宿から道の駅まで送ってもらう途中、隣に座った客の青年は逆打ちで回っていた。逆打ちとは、88番から1番の霊場まで逆の順番で回ることだ。番号順に回る順打ちより標識が見づらく、迷いやすい。その分、ご利益が増すと言われている。彼の巡礼動機を聞く間もなかったが、人生再スタートにかける余程の思いがあったのだろう。青年は、もらったものだと言って、ふもとから21番霊場・太龍寺の山まで結ぶロープウェイの乗車券をくれた。通しで歩き通す彼には、この乗車券は無用だったのだ。

一部バスに乗り、JRを乗り継いで、そのロープウェイ乗り場まで来る。乗車料金は往復2600円。地元の人が高いという所以だ。太龍寺は第二の高野山と呼ばれているように、境内は起伏に富み雨に濡れた階段が続く。下りでは落下の危険を感じて手すりを使う。

今夜の宿泊は、22番霊場・平等寺そばの民泊パンダヤ。ここは竹林が豊富な地。タケノコの缶詰などの製造を生業としていたことから、オーナーは笹にちなみ、宿にパンダの名をもらったと説明してくれた。客の四人全員が昨夜と同じ泊まり仲間。ただし夕食はつかない。恰幅のいいオーナーが客を車に乗せ、近くのコンビニまで買い出しに連れて行ってくれた。これまでにはなかったパターンだ。

春の宵癒しは民泊へんろ旅

宿泊：パンダヤ

徳島県―高知県

遍路の動機は様々

第9日目
（第23番霊場・薬王寺―第24番霊場・最御崎寺）

二日連続で泊まり仲間となった一人はこの三月で定年を迎える大学の教員。小学校の先生たちの教育を担当する。広島出身の大阪在住で、時事問題から外国出張の話まで間断なくしゃべる。「お遍路の道がまだ残っているのは、四国が貧しいからだ」などと持論を展開する。連れ合いから「あんたはうるさい」と言われているらしい。ストレス解消が目的のようだ。徳島県の寺を回り終えると、いったん自宅に帰るという。

もう一人はタイで不動産業を営む六十代の小太りの男性。手違いでタイ滞在のビザがとれなくなったため、長期の休みを利用して遍路を始めた。

23番薬王寺

以前は東京で寿司店を営んでいて、安倍元首相ら有力政治家が利用していたと言う。こちらのコンビニ弁当を宿のレンジで温めてくれるなど如才がない。

残りの一人は札幌でゴルフのキャディーをしている中年女性。雪が残るこの時期はゴルフ場も暇なので長期休暇をとり、遍路に出た。近頃のキャディー仕事はカートで移動するので、運動不足の解消も目的だ。今回、霊場を回りながら温泉にも寄ると言う。

このようにお遍路といっても、巡礼というイメージからは遠い。江戸時代から始まったこの四国霊場巡りは、修行や死に場所を求めるイメージがあった。しかし今回の宿泊客にはそれぞれの条件に応じた観光、トレーニングの色彩がにじむ。なかには仏道を求め、生き方を見つめ直そうとする人々もいるものの、動機は多様だ。

フリーの報道写真家、石川文洋氏は六十八歳の時、ベトナム戦争などでともに活動した戦場カメラマンと記者の死を慰霊するため、四国巡礼に旅立った。その著書『四国八十八カ所　わたしの遍路旅』で旅の途上、心筋梗塞を発症して九死に一生を得たことから「心筋梗塞になった人は再発を恐れて運動しなくなり『うつ病』になる人も多いという。そのことを聞いて私の新たな目標が生まれた。『病気に負けない』『心筋梗塞になった人を元気づける行動をしよう』。この二つである」と述べている。

文洋氏は私と同じ長野県諏訪郡に住み何度か顔を合わせた。現在八十五歳だが、毎日坂道を四キロ歩き、また四国を回ってみたいと話している。尊敬する先輩だ。

きょうのコースは列車、バスの公共交通機関依存の旅。室戸岬から眺めた海は夕日が落ちかけたところで、その光は全景を朱に染めていた。この岬で修行中の弘法大師が、大海に沈む斜陽の輝きを見ていたことを思うと、この世に時空を超える世界があるように思えた。

何を見た空海室戸の春と海

宿泊：室戸の宿竹乃井

臆せずとにかく道を聞く

第10日目
（第25番霊場・津照寺―第26番霊場・金剛頂寺―第27番霊場・神峯寺）

遍路宿には、玄関に金剛杖が客の数以上に並べられていることが多い。客の忘れ物が保管されているのだ。しかし、宿の主人は「忘れ物」とは言わない。「客が置いていった」と言う。弘法大師と「同行二人」と記された杖は、忘れれば大師を置き去りにしたことになる。私も寺などに何度か置き忘れた。こんな時は痛む足を引きずり、背に食い込むリュックに泣きそうになりながらも走って戻れたりするから不思議だ。

道で人に出会えば「とにかく聞け」というのが、今回の教訓。道路標識や「へんろみち」という札が途切れるコースでは、不安な歩きになるのが常だ。いったん教えられた道も次に出会った人に確認のため、もう一度聞く。こちらの装束を見て、ほとんどが丁寧に教えてくれる。しかし、人と出会わない道、人によって説明が違う道には歩きに確信が持てない。

きょうはそんな思いで、片道四・五キロの神峯寺に向かう坂道を登っていると、若い男から「足は大丈夫ですか」と声をかけられた。急坂で腰に鈍痛を覚え、手で腰を押さえながら歩いていたのだ。寺に着いたところで再び彼に会った。リュックには寝袋のシートをはさんでいる。丸坊主の頭でにこやかに、野宿しながら霊場巡りをしていると語る。春休みを利用した自分への挑戦か。「もう蚊に刺された」と笑う。こちらは「蚊よりマムシには気をつけて」と警告しておいた。山道に下がっていた札に「マムシ注意！」とあったのだ。

山道では、お遍路を励ます手製の標語が木から吊るされているところがある。きょう、その一つに「心を洗い、心を磨くおへんろ旅」というのがあった。若い男の挑戦は、心を鍛える旅にしようとしているのに違いない。

お遍路が弱音聞かせる初燕

宿泊：ホテルセリーズ

夕闇迫る川沿いを案内

第11日目
（第28番霊場・大日寺―第29番霊場・国分寺―第30番霊場・善楽寺―第31番霊場・竹林寺）

朝、五時前に目が覚めた。昨夜寝付いたのが十二時を回っていたため、睡眠時間は四時間余り。確かに生活はチェンジしている。これまで八時間睡眠だった日常からは考えられない変化だ。ただ歩いていても思考停止の状態がしばしば。

昨夜は、ホテルの最寄りの駅に来たものの、道順が分からない。駅前のコンビニで尋ねたところ、女店主が外に出て来て教えようとするが、土地不案内のこちらは飲みこめず、どう説明したらいいか戸惑っている。

この様子を見ていたのか、自転車で通りかかった女性が声をかけてくれた。40代らしきスリムな彼女は自転車を引いて先に立ち案内してくれる。彼女も何か所か霊場巡りをしたらしい。田畑の中から川沿いの堤防まで、帰宅コースから数十分は遠回りして道案内してくれた。薄暗かったあたりは、さらに夕闇が濃くなっていた。川向こうにホテルの建物が霞んで見えた。大橋に出たところで、「もう分かるので」と礼を言い帰ってもらった。もう会うことはないと思ったものの、聞かれるままに名前を告げた。

善楽寺に向かおうとして、バス停で一時間半後のバス到着を待つか、それとも歩くか決めかねていたところに、停留所前の家の主人が軽トラで帰宅した。目的地まで歩くとどれだけかかるか、聞くと彼はもう一台止めてあった乗用車に乗れと言う。六十歳前後の日焼けした顔の無口な人だ。厚意に甘えることにした。車中、地元の人はあまり霊場巡りをしないという話を確かめると「そんなことはない。うちの母親は五、六回も四国を回り、お守りを集めていた」とポツポツと語った。その母親はもう居ない。その目には一瞬、母親の面影が浮かんだようだった。

見ず知らずの他県の人間を最後まで道案内をしてくれる人、車に乗せてくれる人、これも遍路道ならではのこと。一期一会、この言葉を噛み締める旅となっている。

うぐいす色の法衣くぐる竹林寺

宿泊：ホテルセリーズ

ボランティア信者のお接待

第12日目
（第32番霊場・禅師峰寺―第33番霊場・雪蹊寺―第34番霊場・種間寺）

自転車で前を通り過ぎようとした合羽姿の中年女性に雪蹊寺に行く道を聞いたところ、自転車から降りてくれる。方向を示したあと「この雨の中、ご苦労様です。これ少ないけれど何か温かい物でも食べて」と言って、財布から千円札を取り出した。丁重に断ったものの、手に握らせようとするので、手を合わせて受け取った。

さらに雪蹊寺を出て種間寺に行くバス停を探していた時である。そのバス停はすでに、撤去されていた。このことを知らせてくれた地元の女性が「私はボランティアよ、種間寺には私も用事があるけん、送ってやる」とタクシー会社に電話している。

お遍路人形も休憩

それなら割り勘でと同乗する。寺に着くと結局、タクシー代半額も受け取らなかった。彼女は六十八歳、弘法大師の教えを休みなく話す。

「手の不自由な母親には、大師さんは私の指をあげよう。心の指を、と言って祈り、母親の手を直してあげた。すべての行いは心が決める」と話は途切れない。

私が禅師峰寺で会った外国人に挨拶していると、リュックを境内の売店に預けさせ二人のために弁当を振る舞ってくれる。寺の職員とは、かなり親しいようだ。外国人はイタリア人で六十三歳、神父のような風貌を持つ。英語が話せない彼に、おばさんは「声が小さい。ハイ、イーティング」などと弁当を食べさせようとする。種間寺本堂では、許可を得たからと祭壇前の大広間に二人を座らせお経を追唱させる。大師の称号を含む「南無大師遍照金剛」という結びの言葉では、「もういっぺん」と言ってひときわ高く大きく唱えさせる。日本語に不慣れなイタリア人には何度も声を張り上げさせていた。私の身体が固くなっていると見て畳に寝かせ、背中や腰をマッサージしてくれた。

イタリア人が戻っていった後、彼女は再びタクシーを呼んで私を自宅に案内した。自身の心情や生い立ちをまとめた本を二冊、タクシー運転手分とともに進呈してくれた。その経歴欄には三年間、頭を丸めて出家した当時の写真も添えられていた。「時間に追われ、縛られてお寺をくるくる回っても何の意味もない。あんたも先を急ぐんでない。疲れているようだから、明日にでも荷物をまとめて帰んなさい」と進言する。一日にいかに多くの寺を回るか、そんな効率しか考えていないこちらの内心をズバリ指摘された。

世を憂う大師の杖に蓮華草

宿泊：ビジネスイン土佐

回るだけでは何の意味もない

第13日目
（第35番霊場・清瀧寺—第36番霊場・青龍寺）

前日はシューズが浸かるほどの雨となり、予定の清瀧寺と予約した民宿までたどり着かず。急遽、飛び込んだ中古車店で土佐市内のビジネスホテルを教えてもらう。今朝はその宿から清瀧寺に向かう。途中、自販機でコーラを買おうと千円札を入れたが、品物が出ず千円札も返却されない。自販機に貼られた連絡先に電話するも埒が明かない。あきらめて参拝に向かう。

今回の目的は日常から距離を置き他力によって生かされている命の確認で、八十八か所巡りはその手段でしかない。しかし、いつの間にか八十八か所巡りが目的となり、心と命の確認はどこかに飛んでいることが多い。

昨日、多分なお接待をしてくれた大師信者の女性の名は吉本裕代さんというが、彼女がズバリ指摘した「くるくる回るだけでは何の意味もない」という言葉が胸に突き刺さる。

清瀧寺からの帰り、携帯に電話があった。自販機の商品補充で回る車からだった。緊急連絡先に入れていた電話番号に電話してくれたのだ。丁度、寺からの戻りのコース。車から降りてきた職員が千円札を返してくれた。たかが千円されど千円、お布施にもらった気がした。今回の旅で、すでに輪袈裟を宿のどこかに置き忘れていた。千円は輪袈裟買い替えの足しにしよう。

桜道納経記す指白く

宿泊：民宿なずな

観光列車を旗振り歓迎

第14日目
（第37番霊場・岩本寺）

昨夕は多忙な時間帯だったため、民宿なずなの女将さんから最寄りのバス停までの出迎えを断られた。しかし、今朝は「送りましょう」とバス乗り場まで車で運んでくれた。おかげでＪＲの乗り継ぎがスムーズになり、37番岩本寺をゆっくり参拝したあとＪＲ安和に向かう。

安和駅では即席の地元物産展が開かれていた。地元のおばさんたち十人近くが揃いの法被を着て、みかんやおはぎ、菓子、蜂蜜、絵葉書などを並べている。聞くともうすぐ観光列車が到着するとのこと。駅前には土佐湾、太平洋に開かれた雄大な海が広がる。その景色を一望するため観光列車が十分間、停車するらしい。こちらもおはぎを三つ買って待つ。

まもなく青色で統一した列車が着き、おばさんたちは一斉に旗を振り、鳴子をならして歓迎。客が次々と下車して品々を求めていた。見送りの際には、こちらも手渡された鳴子を鳴らし、手を振った。お遍路姿が場に合っていた。

高知では、すでに桜の開花が宣言されているが、桜の名所から遠い遍路コースでは山桜がポツリ、ポツリと見られる程度。芽吹く若葉の新緑が目につくようになっている。

命なお山桜枯木に映えて

宿泊：民宿安和の里

野宿青年の手にボンタン

第15日目

（第38番霊場・金剛福寺）

朝、民宿を出て最寄りのＪＲ安和駅に着くと、駅で寝泊まりしていた青年が寄ってきて挨拶する。「前に会ったことがあるね」と言うと笑って「いえ、何回も会ってますよ」と青年。第27番神峯寺手前で足の痛みを心配してくれた青年で、参拝帰りにも言葉を交わした。こちらが気づかぬところでも、見かけ気にしてくれていたのだ。彼は手にしたボンタンをくれる。こちらも宿屋でもらったペットボトル入りジュースを返す。「人生は一回切り。やりたいことがあって大学をやめました。野宿して四国八十八か所巡りをするのもその一つです」と坊主頭、絶やさぬ柔和な笑顔で明るく語る。

こちらは「大学を辞めるなんてもったいない」と言ったが、これも一つの選択なのだ。彼は歩き、こちらは列車に乗り込む。「身体だけは気を付けて」と真にそう思い、別れた。

泊まった民宿では朝飯が出されるが、ビジネスホテルでは朝は食べず、昼もまともに食べない。昨日は昼におはぎ3個、一昨日は自販機のコーラ一本、その前の日もコーラ一本、別の日には牛乳一本に粟おこし菓子の時やカップうどん一つなどの場合があった。もともと定時の食事に関心がないタイプだが、次の寺までの

38番金剛福寺の仏像群

コースに気がとられて食事は二の次になる。余裕がないのだ。

それでも体調はほとんど変わらない。あるお遍路は細身の身体ながら、歩き通して五キロも減量したと言う。私の場合、体重は一〜二キロ減にとどまった。ただ、昨夜の民宿は隣とボード一枚で仕切られた部屋で、いびきが断続して聞こえ、不眠の朝となった。

今夜の宿、民宿田村に昼過ぎに着き、自転車を借りて金剛福寺を参拝したあと、足摺岬まで回る。燈台には上れなかったが、展望台から見下ろすと太平洋は弧を描くように広がり、濃淡二色の潮が帯を作っている。濃い色の方が黒潮で、深い紺色だ。眼下の岩壁めがけて白波が音を立てて巻き上がっていた。

春日受け先手観音並び立つ

宿泊：民宿田村

高知県―愛媛県

台湾女性から雨具受ける

第16日目

（第39番霊場・延光寺―第40番霊場・観自在寺）

予報通り本格的な雨が降る。しばらく続く菜種梅雨だ。遍路も日程を延ばす人、距離を短縮する人、切り上げて早く帰る人などそれぞれに対応している。こちらはバスの利用で雨露をしのいだ。このところ歩きの距離より、どう公共交通機関を活用するかに意識がいってしまっている。その結果、歩く距離は五キロ台に留まる。バスの中で民宿田村で握ってもらった、巾着入りおにぎりを頬張る。巾着は外は金色、内にはカラフルな手毬などをあしらった手製のもので、土産になる。

宿毛駅前でバス待ちをしていると、一人の言語不明な女性がメモを見せ、目的のバスがこのバス停に停まるかどうかと聞いてきた。こちらも同じ方向なのでＯＫのサインを出した。バスで横に座った彼女は、私の濡れたリュックやバッグを見て、ビニールカバーを渡してくれた。40番の観自在寺でも顔を合わせ、片言英語で台湾から来た二十九歳だと自己紹介する。彼女は私の後ろに回り、私にくれたビニールカバーをリュックに被せてくれた。

昨夜から同じ民宿に泊まっていた女性も台湾からで、台湾では日本の霊場文化への関心が高いらしい。台湾に限らず、必ずと言っていいほど外国人のお遍路を目にする。彼、彼女たちはほとんどが一人で回る歩き遍路だ。中にはスペイン巡礼の旅に続いて四国に来たというドイツ人もいた。車を使う日本人が普通になっているだけに、その姿は真摯な求道者に見えた。

遍路旅行きつ戻りつ菜種梅雨

宿泊：山代屋旅館

友人医師が宇和島紹介

第17日目
（第41番霊場・龍光寺―第42番霊場・佛木寺―第43番霊場・明石寺）

きょうは雨も止み青空が見えた。宿屋まで学生時代からの友人、山本四郎さんが迎えに来てくれた。彼は医学部出身で外科医、今も週一で診療を続けている。愛車ルノーで、学生時代に訪ねたことがある友人宅や宇和島城など宇和島市内の名所を案内してくれた。その足で41番龍光寺と42番佛木寺まで連れて行ってくれる。

彼と会ったのは40年ぶり。学生時代も正義感が強い賢明な人であったが、多くの患者を診て数々の人生を見送ってきたせいか、細かい気遣いと郷土史のレクチャーを受け感謝するしかなかった。

佛木寺から明石寺に向かうところで道が二股に分かれ、どちらに行こうかと迷っていると後ろから車を降りた女性が追いついて来て、ボランティアで道を案内しましょう、と言ってくれる。彼女はそのまま先を歩いて山道に入る。道は急坂が続くが、彼女の足は軽快だ。こちらは、かなり必死、汗だくでついていく。聞くと山登りが趣味で信州の山も幾つか登ったと言う。二キロは先導して歩いてくれただろうか。彼女の名は有田蕾さん、六十八歳。その笑顔は若く見えた。彼女は同じ道を引き返す。

彼女と別れて自動車道のトンネルをくぐったところで、三本に分かれた道で再度、迷う。林道や山道を行ったり来たり。人の姿がなく不安になり、もとの車道に引き返したところに大阪ナンバーの一台の車が止まっていた。道を問うと「寺まで送ってあげる」とのことで、乗せてもらう。宇和島出身の佐々木昭義さん、七十四歳。大阪で老人ホームに給食を運ぶ仕事をしていて、時々、妻がいる宇和島市に帰って来る。

そんな話を交わすうち、自分も松山方面に行くからと、一緒に乗せて行ってくれることになった。途中、渋滞にあいながら約四時間、ホテル近くまで同乗させてくれる。彼は今治港から午後十時発のフェリーで大阪に戻る。寝ている間に着くフェリーの常連になっている。きょうも、手を合わせても足りないほどの出会いがあった。このお遍路は、一人では決して回れない。

きょう、世間はＷＢＣワールドベースボールで日本がアメリカを破り、世界一になった話題で沸いていた。四郎さんお勧めの宇和島の食堂では、客に祝勝のアイスコーヒーが振る舞われた。おごられた名物鯛めしがことのほかうまかった。

悟りいつ桜は三分遍路道

宿泊：ビジネスホテル美町

犬も一緒に道案内

第18日目

（第44番霊場・大寶寺―第45番霊場・岩屋寺―第46番霊場・浄瑠璃寺―第47番霊場・八坂寺）

45番岩屋寺に向かうバス停で一人の年配者に会う。どういうわけかその後の霊場回りから帰りのバスまでことごとく顔を合わす。46番浄瑠璃寺に向かうバスが二時間待ちとなった際、タクシーで相乗りという方法があると言うと、別の遍路客に声をかけていた。しかし彼と二人しか揃わず、割り勘でも二、三千円がかかる、彼はそれなら一杯やれると計算する。埼玉・所沢市から来たというが、言葉は関西弁だ。みずから歳は八十一歳二か月と明かす。

この日は四つの寺回りの予定でスケジュールがタイトだ。バスを降り、

44番大寶寺。大わらじは信者の寄進による

浄瑠璃寺に向かう下りの坂道ではスロージョギングのこちらが先を行っていたが、彼は杖を突きながら大股で追い抜いていったではないか。その年代にしては長身でスラリとした体形、追い抜かれざま「何かスポーツでもやっていたんでしょう？」と声をかけたが、こともなげに「別に」と言って、距離を離していく。お寺では賽銭をやるわけでもなく、納経を済ませると数分で引き揚げる。出で立ちもハイカーの帽子と服装で実に合理的な寺回りだ。これも一つのパターン、他人がとやかく言うものでもない。

47番八坂寺参拝を終え、犬を散歩させているおばさんに帰りのバス停までの方向を聞く。彼女は「分かりやすい道まで行きましょう」と同行してくれる。歳は五十代か。犬の名は七月七日に生まれたので「彦星」とつけ、犬種はコッカースパニエル、人懐っこい犬と紹介してくれる。

私が「八十八か所のうち、もう半分を回ってきたが、なかなか心が洗えなくて」と言うと、「そのうち心が新しくなります」と励ましてくれる。結局、松山市に向かうバス乗り場まで三十分もともに歩いてくれた。しゃがんで犬の頭を撫で、お供に感謝した。

山桜霧に消されてひとしずく

宿泊：ビジネスホテル美町

白装束の意味とは～

第19日目

（第48番霊場・西林寺─寺第49番霊場・浄土寺─第50番霊場・繁多寺─第51番霊場・石手寺─第53番霊場・円明寺─第52番霊場・太山寺）

ＪＲ松山駅前に三連泊して、松山市周辺の霊場を回った。その数、第44番の大寶寺から第53番の円明寺まで十か所にのぼった。市近郊の地に寺院が集中していたのが幸いした。どうしても目先の寺を追うことに意識が向かい、松山市の見逃せない名所旧跡はカットすることになる。夏目漱石や正岡子規の足跡をたどることもあきらめた。松山城や道後温泉はその前をチンチン電車（坊ちゃん電車）で通り過ぎるだけだった。

その結果、十八日間で八十八か所のうち五十三か所を消化したというのが、これまでの旅の経過だ。「消化」という言葉自体、スケジュールを追うだけの巡礼の旅になっていたのではないか。自問自答する。何を得たかというと地元の人々との温かい交流の数々であった。それで自分が何かが変わったという実感はない。巡礼者が白装束になるのは、いったん死人の世界に入ることで、これまでの自分を捨てることを意味する。他力、他利、小欲知足……、そのため自分にまとわりついてきた我欲を削っていかねばならない。

第51番石手寺の門をくぐると、机に住職・加藤俊生の名で「真の仏教と日本国憲法の理想」と銘打つパンフレットが置かれていた。憲法と釈尊の教えの理念が通じることを説き、海外で武力行使をする動きを批判して次のように指摘している。

「釈尊より二千五百年後、第二次世界大戦の累々たる屍の惨禍苦悩をへて、戦争放棄が一国の憲法として確立するのは、まるで釈尊の和合僧集団が膨れ上がって国家となったかのようである。ついに釈尊の平和の夢は国家規模となったのである」「この憲法を捨ててはならない。今後ますます広めて輝かせなくてはならない」

第53番と第52番の巡回順序が入れ替わったが、これはバスの車中、隣に座った年配者のアドバイスを受けたもの。53番の円明寺がバス停に近く、早く回れるので先に行っておいた方がいい、と言われ、事実その方がスムーズな回り方ができた。

きょう最後に回った太山寺は山門から本堂まで二百五十メートルもある上りの参道があり、仁王像が三対もある。国の重要文化財に指定されていて、他の寺が二つも入るような広い境内を持つ。お遍路さんが数人来ていたが、その読経も寺の荘厳な静けさにかき消されるようであった。

寺前に仁王ほころぶ山桜

宿泊：ビジネスホテル美町

３人からお接待車リレー

第20日目
（第55番霊場・南光坊―第54番霊場・延命寺―第56番霊場・泰山寺―第57番霊場・栄福寺―第58番霊場・仙遊寺）

58番仙遊寺は57番栄福寺から五十分ほどで、山の上まで歩く。今治駅の観光案内所で「坂がきつい」と聞いていたが、最後の十分ほど山道の階段が連続するだけで、思ったほどハードではなかった。ただ周りの暗さが増し、旅館の夕飯時間に間に合うかどうか不安になった。ロウソクに火をつけていると、隣でロウソクを立てようとしている参拝者から「どちらから？」と声をかけられた。彼は車で回っているとのこと。

そこで思い切って、坂を下りる所まで車に同乗させてもらえないかと頼んだ。少し考えたようだが「いいですよ」と答えてくれた。彼は70歳、名

お遍路の無料宿泊所

古屋から車中で寝泊まりしながら巡礼している。宿をとると行動が規制されるから、というのが理由。確かに私が座る助手席を開けるのに、生活用具の片づけに手をとられていた。家族に四国巡礼をすると言えば、一人になれる大義名分が立つと笑って話してくれた。

車道に出たところで降ろしてもらったが、ここがどこなのか見当がつかない。少し先で畑仕事をしている高齢夫婦に、バス停の場所を聞く。すると、この辺はバスが通らないからと、ご主人が軽トラでバス停のある所まで連れて行ってくれた。しかし時刻表示を見ると、次のバスまで1時間半以上待たねばならない。仕方がない、待つことにした。

バス待ちで立っていると大型犬を連れた大柄で旦那風の男が通りがかり、会釈すると立ち話となった。犬は十五歳、大型犬の場合、人間でいうと九十歳に相当するらしい。その犬の歩き方を見ると、ヨタヨタと胴体が左右にぶれている。彼はこちらのバス待ちに同情しつつ、犬をせかして通り過ぎた。すると間もなく、彼が横に乗り奥さんが運転する大型車が前に止まった。最寄りのＪＲの駅まで送ると言う。

遍路道の休憩所

たった一人のお遍路のために三人がリレーして、駅まで送ってくれるというシーンが生まれた、と言えば人ごとみたいだが、自分はただ、他人の力を借りて回る一匹の風来坊になっているのだ。最後にこの身を運んでくれた彼がもらした言葉が「いい身分ですね」。確かに四国八十八か所巡りは、一定のゆとりがないと実現しない。そんな恵まれた立場を自覚していたのか。

朝、松山から今治までＪＲで移動中、臨席するお遍路は「私の場合、七十歳の区切りとして四国八十八か所巡りを思い立った」と語っていた。その人は、それまで一番霊場からすべて徒歩で歩き通している。これからは、いったん自宅がある広島まで帰るという。またの再訪を楽しみにしていた。

仏説く人みな同じあの世花

宿泊：あさひや旅館

香港留学生に宿まで送られる

第21日目
（第59番霊場・国分寺―第60番霊場・横峰寺）

朝から雨が強弱をつけ降った。春雨でどこか温かいが、回れる寺の数は限られて来る。59番国分寺からの帰り、バス便は一時間半先までない。駅まで歩くことにして、通過するランナーを呼び止めJR駅への方向を聞いた。彼は立ち止まって、最寄り駅までの道順を身振りで示してくれた。

その上、数分後には戻ってきて、こちらの隣に着きながら一緒に歩いてくれる。聞くと、五十歳でマラソンを初めて十四年、タイムはベスト三時間十四分を出している。ウルトラマラソンやトライアスロンにも挑戦中。こちらも及ばずながらかつてのマラソン歴を伝え、いまどうにか一番から八十八か所を回っているなどと話した。結局、彼はJR伊予桜井駅まで同行してくれる。さらに駅前の自宅にいったん戻ったあと、持参したスポーツドリンクを差し入れてくれた。

駅では列車待ちのお遍路がいて、メモを広げてコースの確認をしていた。一番霊場から回ってきたが、宿が確保出来なかったこともあり、何か所か順路の寺を飛ばしてきたと言う。七十四歳。また、いつか戻ってその穴を埋めていく、と語る。宿題を残す余裕がある。自分みたいに脇目も振らず、順路を追うだけが能ではない。

愛媛県コースで難所とされる60番横峰寺にはバスで登ることにした。バスが出るJR西条駅前の観光案内所の女性職員は、この寺は半日コースで、「これからだと帰りは十八時十七分着の最終バスになります」と時刻表を示す。バスは1日5便しかないのだ。それからJRに乗り継ぐ必要もあり、宿には到着が十九時を過ぎると連絡する。

乗り継いだバスは車の離合にもバックを繰り返して林間を登る。横峰寺への参拝もそこそこに何とか、帰りのバスに滑り込もうと早足に停留所まで戻る。

どうにか間に合ったようだ。バス停に立つと、車の窓から片言の日本語で「乗っていきませんか」と声をかけてくれる好青年がいる。渡りに舟、拾ってもらうことにした。彼は車で巡礼中の三十歳、香港人だ。昨年十二月に来日、京都で日本語を学んでいる。休みの十日間で回れるだけ寺を回りたいと言う。片言の日本語と片言の英語で何とか対話する。「香港は今、平穏になっているが、日本にはまだまだデモクラシーがある。それで日本に来ました」と来日の動機を語る。香港の政情を聞くと言葉が重い。

彼は直接、今夜の宿泊先、ビジネス旅館小松の前まで運んでくれた。バス、列車を乗り継ぐコースから大幅に到着時間が短縮され、宿には午後5時には着いた。彼には何もお返しするものとてなく、ただ心を込めて握手するだけだった。お遍路同士は、国籍の違いも年齢差も性差も感じさせない、もちろん肩書などない一つの共同体が生まれているという感を強くした。

桜酔い若さ酔い泡沫の夢

宿泊：ビジネス旅館小松

バス時刻確認に走る店主

第22日目

（第61番霊場・香園寺―第62番霊場・宝寿寺―第63番霊場・吉祥寺―第64番霊場・前神寺―第65番霊場・三角寺）

西条市から四国中央市の寺院を回る。市町村合併で馴染みがない四国中央市という市が生まれていた。午前中、宿舎から近い61番香園寺から64番前神寺を回るが、65番三角寺が離れていてJR予讃線に乗る。

座席の向かいには小柄なおばあさんが座っていた。列車から見る景色が好きで本を読みながら、隣の高知や香川県まで車中の旅を楽しんでいると言う。八十歳というが、若く見えマイペースの趣味を楽しんでいる。車窓からは田園の向こうに瀬戸内海が青く広がっていた。「主人とよくあの海岸をドライブしたのよ」と言うので、思い出を手繰り寄せているんだろう。

時に私が居眠りをしがちなので、「寝ても、三島駅の前で起こしてあげる」と言ってくれる。三島駅は次に回る三角寺がある駅だ。三島では、かつて和紙作りが盛んで、町に独特な匂いが流れていたらしい。駅が近づくと、彼女はバッグから煎餅を一枚取り出し渡してくれた。昨日も駅の待合室で家族連れの女性から板チョコ1枚の差し入れがあった。その何気ない仕草は地元に根付くお接待の心だ。

お接待については、元朝日新聞編集委員の辰濃和男さん（一九三〇〜二〇一七年）が『四国遍路』（岩波新書）で、ブッダの「托鉢で得たものを軽んじてはならない」との戒めを引用しながら、次のように指摘している。自身、二度、四国巡礼の旅に出た実感だ。

「お接待を受けた人が、お接待のこころをしっかりと受け止めること、そのこころからこころへ伝えられる大切なものを大切に受け止めること、そのとき初めてお接待は本来の光を放つ。お接待というしきたりは、四国路の画布に日々描かれる共同制作の絵だ。差し出す人といただく人とが一緒になって描く作品で、いただくものがきちんと受け止めなくてはこの共同制作はいい絵にならない」

三島駅で下車してバスの時刻版を見ると、三角寺近くまで行くバスは二時間待ちだ。駅前の食堂で昼食をとることにした。いかにも大衆食堂という感じの店の年配の主人に、寺に行く手立てを確認する。主人は三角寺に行く別ルートのバスを教えてくれる。さらに数十メートル先に停まる他の路線の運転手に発車時刻などを確かめに走ってくれる。

三角寺から戻るとすでに大衆食堂は閉まっていて、夕食をとろうとアーケード街に入る。しかし、どこの店もシャッターが下りている。地方の寂れようは凄まじい。これまで駅前の住宅街でも屋根が崩れ、壁は傾き穴が空いている民家をよく見かけた。アーケードの中で犬を散歩させているご主人風の中年男性に食事できるところを聞くと、横道で唯一開いている一軒の居酒屋を教えてくれる。入るとカウンターには一人の中年男性が座っていて、こちらがお遍路だと知るとキープしたボトルから注いだ焼酎を回してくれた。

春の宵シャッター街に犬散歩

宿泊：ホテルリブマックス伊予三島

マイ標準木で桜満開宣言

第23日目
（第68番霊場・神恵院・第69番霊場・観音寺─第66番霊場・雲辺寺）

遍路道では満開となった桜が各地で見られるようになった。ＪＲ観音寺駅からスタートした直後、道を掃除していたご同輩が街路に立つ一本のソメイヨシノを指差し「きょうが満開宣言。あれが私の標準木や」と顔をほころばせた。

霊場巡りでは、主な駅に置かれている観光案内所のお世話になっている。お遍路姿で初めての四国巡礼だと言うと、時間をかけて丁寧にアドバイスをしてくれる。お遍路への対応にぬかりがない。今朝の観音寺駅の案内所も、中年の女性がコースの地図や交通機関の時刻表をプリントして、一日のスケジュールまで組んでくれた。

そのスケジュールに沿って向かった第68番神恵院、第69番観音寺は同じ境内にあり、納経場でも一人の若い僧が二寺分の筆を執っていた。こちらも一度に二つの寺回りが出来て、得した気分になったが、そんな問題ではないだろう、という声がどこからか聞こえてきそうだ。

午後からは市内巡回バスで第66番雲辺寺最寄りの地点まで行き、そこから約五十分坂道を登る。さらに標高千メートルの寺までロープウェイに乗る。参道には何百体もの仏の石像が並び、その等身大の姿は映像で

66番雲辺寺前の釈迦涅槃像

見た西安市の兵馬俑を思わせる個性豊かな表情を備えている。心の邪念を見通され、浄化を迫られているようだった。

帰りは時間に余裕があるとみて一つ前のバス停に向かったが、道を間違え、危うく日に三本しかないバスに乗り遅れるところだった。この時は焦って走り、後から追い越そうとしてきたバスに出会うことが出来た。懸命に手を振って拾ってもらう。油断大敵、これも幸運というべきだろう。行きのバスにも同乗していたアジア系の若者は、すでに悠然と座席でスマホをいじっていた。

散る桜祈る遍路の肩に落つ

宿泊：ファミリーロッジ旅籠屋

バスはコミュニティーの場

第24日目

（第67番霊場・大興寺―第70番霊場・本山寺―第75番霊場・善通寺―第74番霊場・甲山寺）

この地方には、コミュニティーバスを走らせている町が多い。一日数本しかないが、町内を巡回して病院や買い物に出かける住民の貴重な足となっている。料金は一律百円、乗客は多くて五、六人程度だが、採算を超えた福祉バスだ。

こちらも昨日の66番雲辺寺に続き、きょう67番大興寺と70番本山寺に行く際、このバスには、お世話になった。運転手はバス停がなくても、最寄りの場所で降ろしてくれ、帰りも拾ってくれる。道案内は確かだ。乗客は大抵、運転手とは顔馴染みで、運転手が知らない近道まで知らせてくれる。

75番善通寺の五重の塔

歩きのみの遍路では体験できないコミュニティーの場がある。

　そんなサポートに助けられ、70番まで順調に回ることができた。バスからJRを乗り継いで善通寺駅下車、駅近くの観光案内所に寄る。案内所は土産物店も兼ね、女性スタッフが駅周辺の寺院を紹介してくれる。さらに荷物も預かってくれ、レンタル自転車の利用まで勧めてくれる。その関西なまりが爽やかだ。

　店員のお勧めに従い、荷籠がゆがんで決して新しくない自転車で75番善通寺、74番甲山寺を回る。善通寺は空海誕生の地とされることだけあって、門前にそびえる五重塔を持つ境内は威厳を誇り広大だ。今年がちょうど空海生誕一二五〇年の記念の年にあたり、外国人を含め多くの団体客が行き交っていた。自転車で回ったおかげで、宿には四時前に着いた。

寅さんと蝶と遊ぶ無人駅

宿泊：善通寺ステーションホテル

旅立った人を偲ぶ旅

第25日目

（第72番霊場・曼荼羅寺―第73番霊場・出釈迦寺―第71番霊場・弥谷寺―第76番霊場・金倉寺―第77番霊場・道隆寺―第80番霊場・国分寺）

自転車をレンタルできる観光案内所が九時からしか開かないため、宿近くの公園でコンビニ弁当を食べていると、自転車に乗った中年男性が黒カバンを載せ、桜の下を通りかかった。近くの学校に向かう先生かと思いあいさつすると、市会議員だと言う。「お疲れさん、よろしく！」との声が返って来た。

遅まきながら九時過ぎにスタート。しかし今回借りた電動自転車の力で坂道を上り、72番曼荼羅寺、73番出釈迦寺はスムーズに参拝できた。ただ階段が五百三十段を超える71番弥谷寺は、人力で上るしかない。時に手摺りを頼りに休みなく本堂まで上り切ったが、息が切れた。

ベンチでひと息つき、祭壇に手を合わせる。今回の巡礼の目的の一つ、旅立っていった肉親や友人、知人の名を心で呼び冥福を祈る。自分がこの世に残っているのはただの偶然でしかない。まもなく八十歳になるこの命も残りが限られる。寿命は他力に委ねるしかない。

なかでも本尊に手を合わせていると、母親が他界した時にこの身を襲った喪失感は薄れ、母親が背中あたりから見守ってくれている感覚がある。母親だけでなく親しかった友

71番弥谷寺

人、知人たちの顔を思い浮かべながら参拝したが、いずれも温和な顔をしていて、心に春風を招いてくれるようだ。

電動自転車のおかげで、きょうは六か所を巡ることができ、クライマックスに近づきつつある。ある巡礼者が言っていた。何年か経つと、この四国の旅がどんなに大切な思い出になることか、その一日一日がどれだけ得難い日になっていたか、今から考えておいた方がいいと。

花吹雪夢と着流し古地蔵

宿泊：旅館えびすや

遍路キャリアの女将

第26日目
（第79番霊場・天皇寺―第78番霊場・郷照寺―第83番霊場・一宮寺―第84番霊場・屋島寺）

ＪＲ国分駅前の旅館えびすやの女将は、気配りの人だ。昨夕は私が到着する時間を予想して玄関前で待っていてくれた。それからチェックアウトするまで、私の巡回コース選定にスケジュール（案）まで示してくれた。香川県に土地勘がまったくないこちらには心強い助っ人だ。

彼女もお遍路のキャリアを持つ。物置から取り出した納経帳には、ゼロ番の寺まであった。それは空海が留学生として中国に渡り、経典を身に付けた西安の青龍寺のものだ。その聖地には空海が師事した恵果和尚と空海が対座する石像があり、その写真まで見せてくれた。彼女の夫は、お接待として客の下着まで洗濯してくれる。連泊を希望したが、あいにく翌日は予約で満杯とのこと。帰りには、玄関の外まで見送ってくれ、ねじれていたリュックの肩紐を直してくれた。

崇徳天皇ゆかりの79番天皇寺は門前に鳥居が立ち、神社と見間違えるほどで思わず写真を撮った。

84番屋島寺から源平合戦の海を一望しようと展望台に向かうと、大きな規模のホテルが廃墟になっていた。空洞の建物の周りを雑草が囲んでいた。その寂れようは、観光地にも押し寄せる格差を思わせた。

八十八か所礼拝も80番台に入った。

門前の鳥居をくぐる79番天皇寺

廃墟となった屋島のホテル

きょうは高松に住む学生時代の友人に連絡をとり、ＪＲ駅前に広がる高松城や市内の目抜き通りを案内してもらう。この歳で乏しくなっていく学友の存在は、元気でいてくれるだけで有り難い。県漁連に長く勤めていた彼の行きつけの店で、ふぐ料理の接待を受け、四国遍路終了後の報告を約束する。城の階段を登るのにも息切れしていた彼の健康も祈ることにした。

春眠やカラスも滑る寺の屋根

宿泊：ビジネスホテルルピナス

「しっかり歩き残せ」の標語

第27日目
（第82番霊場・根香寺―第81番霊場・白峯寺）

一昨日、積み残していた81番白峯寺、82番根香寺に向かう。バスの運転手は、こちらが「ねこうじ」と読んでいた根香寺の名を「ねごろじ」と訂正してくれる。ＪＲ高松駅から根香口までのバスは、ほぼ運転手と私の二人で貸し切り状態。運転手はいま五十四歳、定年になれば通しで八十八か所を回ってみたいと言う。現在も飛び飛びで各寺を訪ねているようだ。「足腰が弱ってからでは遅い」と言うので、七十八歳の私が回っているので、あと五回は回れるでしょうと、言っておいた。

バス停が根香口というので寺は近いと思ったが、それから登りを四キロ歩く。次に根香寺に着いてから白峯寺まで四キロ、さらに白峯寺から帰りのバス停まで六キロ、久しぶりに歩数が三万歩を超えた。問題なのが、標識のキロ表示が当てにならないことだ。目的地まで4キロとあったかと思うと、さらに歩いた地点で11キロなどとあり、いかに車道と遍路道の距離が違うとはいえ、これは極端だ。

82番根香寺から81番白峯寺に行く峠の茶屋でカレーを食べる。昔ながらの一膳めし屋という雰囲気を持つ店にはしっかり者のおばあさんが一人、台所に立つ。82番から81番への「逆打ちはきついよ」と言ってくれる。店の貼り紙には「早く歩くか

各所に見られる民家の廃屋

ゆっくり歩くか　なん日で廻るかなん回廻るか　そんな事よか　しっかり歩け　そして何かをのこせ」とあった。

白峯寺からの帰途、ベンチで弁当を食べていた二人連れの中年男性に、バス停までの道順を尋ねた。彼らは、スマホで検索しながら丁寧に教えてくれた。おまけに缶ビールを一本、分けてくれる。「お返しするものがなくてー」と恐縮すると、「そんな返事はいらんよ」とたしなめられた。二人は40代か。こちらと違ってスマホで検索するのが手早い。的確な説明を受けて、帰りのコースが決まった。

遍路行たんぽぽ友に牛歩する

宿泊：ビジネスホテルルピナス

足がおぼつかない階段上り

第28日目

（第85番霊場・八栗寺―第86番霊場・志度寺―第87番霊場・長尾寺）

いつもは午前五時台に目が覚めていたが、今朝は七時台になっていた。前日に三万歩を超えた疲労が残っていたのか。距離にするとハーフマラソン程度、乗り物による移動の疲れが加わったのかもしれない。それとも、この間の遍路行の蓄積疲労か。確かにこの二十六日間、休養日も入れずに歩いてきた。山道や山寺の階段の上り下りでは足の回転がおぼつかず、つまづいたり、滑り落ちる危うさが付きまとった。体力の衰えを自覚する場面でもある。

寺回りのスケジュールが気になり、昼食をほとんどとらないのが普通だった。民宿に泊まった日以外は朝食もカットすることもしばしば。昨日のように峠の茶屋でランチのカレーにありつけたのは珍しい。もっともきょうも、85番八栗寺からの戻り、讃岐名物のぶっかけうどんの店に恵まれたが……。

「何かをのこせ」。昨日の茶屋で見た貼り紙の言葉が身に迫る。目隠しされた馬車馬のように、ただ四国の寺回りをしただけの日々にどんな意味があったのだろうか。宇宙から見ると、この世に偶然、生まれた粟粒が一瞬で消えていくのに過ぎない。その粒が、桜の季節に雲の陰から見え隠れしたこともあっただけ。残ったとすれば日々の小さな一歩だったが、残り人生の航路を見つめ、刻む旅だったと思いたい。

きょうはスタートが遅れた結果、予定の88番大窪寺まで行き着けなかった。87番長尾寺の近くに、この最終の大窪寺があったが、帰りの足もなく積み残してしまった。これも、明日の楽しみとして置いておこう。

春の参道宇宙に開きなお静謐

宿泊：ビジネスホテルルピナス

人はなぜ遍路の道を行く

第29日目
（第88番霊場・大窪寺―おへんろ交流サロン）


八十八か所最後の寺院・大窪寺88番に到達する。バスを降りると目の前に参道が見え、あっけなくゴールイン。このあとは弘法大師が眠る高野山にお礼参りして、八十八か所巡礼の結びが完成することになっている。

長野県の自宅を出て二十九日、終盤には寺への経路探しと宿の確保に音を上げそうにもなったが、終わってみるとあっという間の出来事だった。人生の過去を振り返っても日常と思っていたことが、束の間のこととして消えていく。居るのが当たり前だった人が居なくなっていく。

今回の巡礼の目的は、一つに旅立っていった親しい人たちの慰霊、二つに日常の惰性からの脱皮、三つ目には自分がいかにあくせくしようが、結

88番大窪寺前で。筆者

局は他力によって生かされていることを自覚することにあった。

一つ目は、亡き人に思いを馳せることによって、自分が今、この世に存在することはまったくの偶然に過ぎないこと、この偶然の余生を無駄に過ごすわけにはいかないことを思い知った点、二つ目は日常の惰性をどう変えられるか、それは一つ一つの動作、行動にどう丁寧に気持ちを込められるか、三つ目はこの宇宙の理、他力に身をゆだねた生き方をどう貫けるか、それは仏心といえるのかどうかは、なお確信がないが、他力によって生かされているこの身に感謝し、どう生きるかが問われている。人はみなその身に小宇宙を抱えて生きている。

大窪寺の帰途立ち寄った「おへんろ交流サロン」は、弘法大師以来の遍路の歴史資料館にもなっていて、江戸時代から整備された遍路道や先人が残した足跡をたどっている。人はなぜ遍路するのか、昔も今も変わらない人の心の奥底を思わざるを得ない。

スタッフの女性が「あとで思い出すのに役立ちます」と八十八か寺を紹介したDVDをプレゼントしてくれた。

三月の初春からスタートした四国八十八か所巡礼は四月の春本番を迎え、この日で終わる。高野山お礼参りは後日に譲ることにした。

落ち椿背に乗せ歩む遍路道

高野山

金剛峯寺に結願とお礼参り

第30日目
（高野山・奥の院――金剛峯寺）

高野山に向かう南海電車の中では、外国人の多さが目を引く。白人の数人のグループが通路にリュックを並べる。彼らはどんな興味を持って高野山を訪ねるのだろう。四国八十八か所巡りのように、日本の古来の姿に接したい気持ちが強いのだろう。

弘法大師が今も生きるという奥の院で参拝の後、納経記帳を済ます。筆を執った僧侶は、結願の証しとして大師御蔭の札購入を勧める。カラー版はランクが上がる。八十八寺でもそうだったが、営業活動が必要で寺の維持には相応の収入がいるのだ。

奥の院では、金剛杖を奉納しようと受付の僧に手渡そうとした。これも千円の手数料がかかる。ところが、若い僧は「杖の意味はご存知でしょうか」と問い、霊場めぐりで苦楽をともにした用具にはご利益が付いている、これは死の旅路まで持って行くもの、と説く。顔を紅潮させた説得の熱意に負け引き下がった。彼の真剣な目がまぶしかった。

外国人で満席のバスに乗り込み、金剛峯寺に。真言宗の総本山のこの寺では、第1霊場に行かなくても一番初めに参拝した寺へのお礼参りを代行してくれる。四月十三日という

納経の締めくくり、金剛峯寺

高野山奥の院前の橋。杖は突かずに渡る

日付が入って、結願だ。自分にとっては、道中受けた人々の損得を超えた厚意、接待という他力こそ一生忘れられない宝だ。それを含めてのお礼参りだった。

時代超え大師に寄せる君子蘭

あとがき

この記録は、四国八十八か所を巡る旅の日々に日誌として書いたものである。自分としては、日常にはない朝五時起きで回り通した日も多く、宿に着けば、一分でも多く寝たいという毎日。列車に乗った時は、車内で眠ってしまい、終点の高松駅で車掌に揺りおこされたこともあった。

それでも寝入る前に記録を書き続けたのは、この体験は、後々もう取り返せない人生を区切るドラマのひとコマとして残るだろうという予感があったからだ。私も八十歳を来年に控えた春、使える時間は今しかないと、思い切ってスタートすることにした。

どうか、四国八十八か所巡りに出たいと思いながら、年齢や体力に不安を抱いている人に参考資料の一つとして読んでもらいたい。

今回、旅の途中で出会ったお遍路さんの動機は「自分本来の姿を見つめ直したい」から「ここでリセットして人生やり直したい」「汗をかいて身体を鍛え直したい」までさまざま。それでも日常の惰性から脱皮する時間を持ちたい、という気持ちは共通するように思えた。

私は元々、信仰心などない生き方をしてきた。ただ七十歳を過ぎて生きていられるのは、すべての生物はこの宇宙の大いなるものに生かされていることを感じるようになってきている。いくら目先の日常に右往左往し一喜一憂していても、結局は他力によって生かされていることを感じるようになってきた。技術革新の名のもと、スピード、効率が価値観となり、人間本来のリズムを狂わせる社会になってきているのではないか。ここでいったん立ち止まって、天を仰ぎ、野の花にホッとする時間が必要ではないか。

幸い四国の地は、お遍路をやさしく包む伝統が生きている。私も数十分もかけて道案内してくれた行きずりの人、「雨の中、ご苦労様です」と言って、お小遣いをくれた人、コンビニ弁当を持たせて自宅まで呼んでくれた人など、何人もの人からお接待を受けた。別に宿代に困っていたわけではないが、これらの厚意はこれまでの人生で得難い宝物に思えた。他力によって歩いていた。

この歳になると、周りで来生に旅立つ身近な友人、知人、仲間が増えてくる。すでに他界した両親、弟たちの慰霊もしたい。私の町（長野県富士見町）で、全身不随の詩画家・星野富弘さんの展示会が四〜五月（二〇二三年）に開かれた。私もボランティアスタッフとして参加したが、五週間で五千人を超える盛況で、その作品は草花にも命を重ねるものとして多くの人の胸を打った。

その作品の一つに、父を偲んだ詩がある。「できるならあなたが幽霊になってもらっても　もう一度逢いたいのです　父ちゃん　気付くのが少し遅かったけど分かりました　詫びることもお礼をいうことも出来なくなる別れが　あるということも」

人は必ず別離の悲しみを抱いて生きていく。その親しかった人たちの思い、戦争や災害で無念の死を遂げた人々にも思いを馳せ、霊場を巡って来たつもりだった。石手寺の住職・加藤俊生氏が語る言葉は、憲法とブッダの教えに通底する平和の理念を説いていた。

人はみなこの世にあるのは、奇跡の存在、一期一会には奇跡と奇跡の出会いという意味が含まれていた。

今回の記録では、信仰心がともなわないこともあって各寺院の特徴に触れることは出来なかった。ガイドブックやネット情報も多数、出回っており、八十八か所の紹介は、それらに委ねることにした。目的は旅の道中から、何を得て帰るかと言い聞かせた。ただ、何を得たかと問われると端的に答える自信がないが、残る余生、偶然に生かされている命なら他力に感謝して日々、過ごせればと願っている。

私の場合は、途中から公共交通機関も利用しながら三十日間で一筆書きで八十八か所を回った。歩いた距離は計四百七十四キロ（一日平均十七キロ）、歩数は六十一万歩（一日平均二万二千歩）だった。

回り方は人それぞれ。もちろん一度に全カ所を歩き通す人もいるが、これはごく少数。区切り打ちといって、県ごとや日にちを区切って回る人、車中泊を含め車で回る人、観光バスやタクシーを使う人、中にはランニングで回る若者にも会った。お遍路宿のベテランオーナーからは「何も無理することはない。体調を守ることが一番、大事」と言われた。人それぞれの状況に応じて遍路旅を続けられればいいと思う。

人生自体が遍路の旅だと思う。

今回の四国の旅にあたっては、地元・長野県茅野市のスイミングクラブで知り合った相原清さんから親切なアドバイスを受けた。相原さんは私より七歳若いが、この半年前に四国八十八か所を徒歩で一筆書き回りをしていた。宿の確保や備品などで貴重な示唆を与えられた。ここに改めて感謝します。

この本の出版にあたっては東京図書出版編集室の皆さん、株式会社アットランドの長浜敢史さんの助力をいただきました。

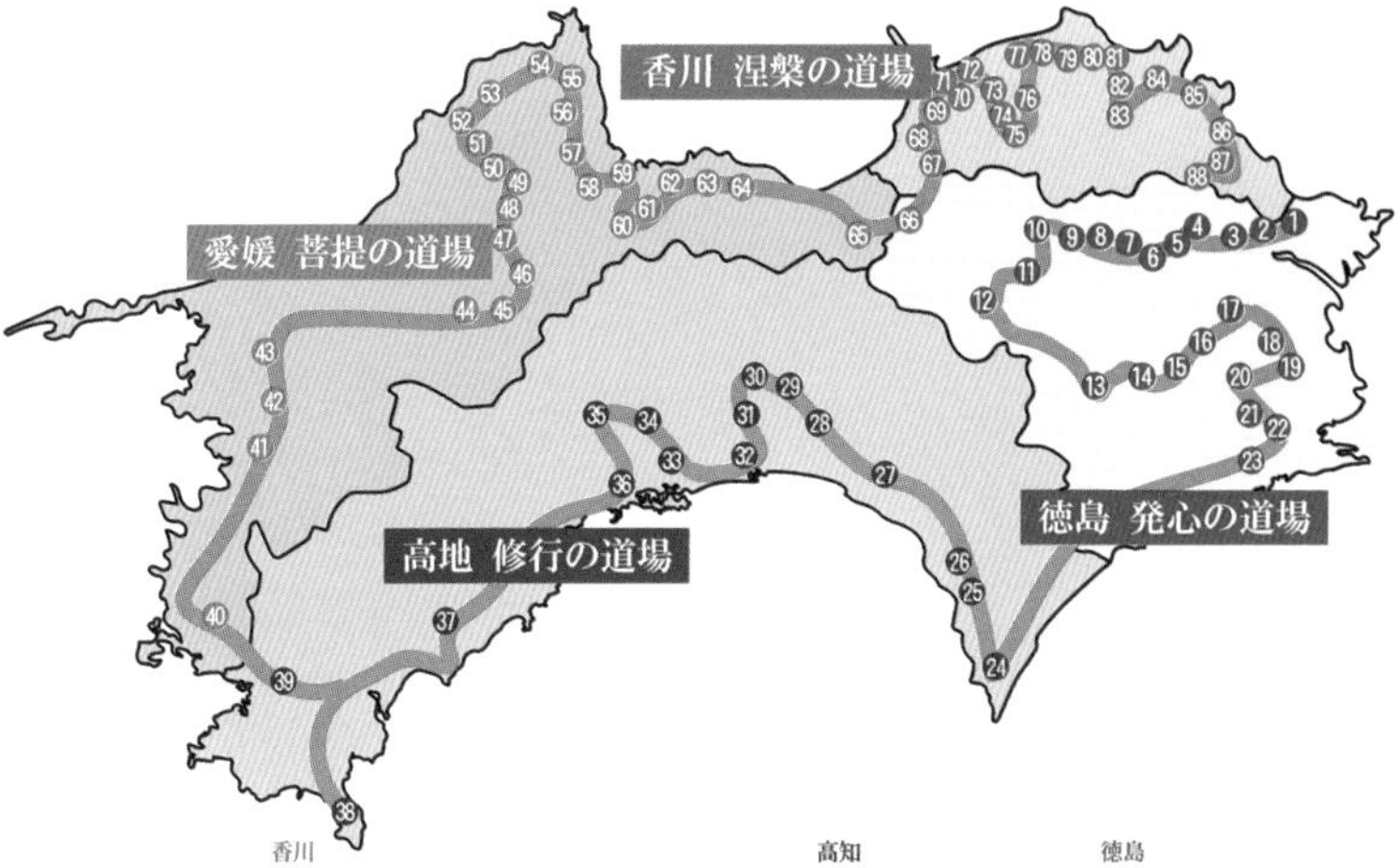

香川
六十六番札所 雲辺寺
六十七番札所 大興寺
六十八番札所 神恵院
六十九番札所 観音寺
七十番札所 本山寺
七十一番札所 弥谷寺
七十二番札所 曼荼羅寺
七十三番札所 出釈迦寺
七十四番札所 甲山寺
七十五番札所 善通寺
七十六番札所 金倉寺
七十七番札所 道隆寺
七十八番札所 郷照寺
七十九番札所 天皇寺
八十番札所 国分寺
八十一番札所 白峯寺
八十二番札所 根香寺
八十三番札所 一宮寺
八十四番札所 屋島寺
八十五番札所 八栗寺
八十六番札所 志度寺
八十七番札所 長尾寺
八十八番札所 大窪寺

四十三番札所 明石寺
四十四番札所 大寶寺
四十五番札所 岩屋寺
四十六番札所 浄瑠璃寺
四十七番札所 八坂寺
四十八番札所 西林寺
四十九番札所 浄土寺
五十番札所 繁多寺
五十一番札所 石手寺
五十二番札所 太山寺
五十三番札所 円明寺
五十四番札所 延命寺
五十五番札所 南光坊
五十六番札所 泰山寺
五十七番札所 栄福寺
五十八番札所 仙遊寺
五十九番札所 国分寺
六十番札所 横峰寺
六十一番札所 香園寺
六十二番札所 宝寿寺
六十三番札所 吉祥寺
六十四番札所 前神寺
六十五番札所 三角寺

高知
二十四番札所 最御崎寺
二十五番札所 津照寺
二十六番札所 金剛頂寺
二十七番札所 神峯寺
二十八番札所 大日寺
二十九番札所 国分寺
三十番札所 善楽寺
三十一番札所 竹林寺
三十二番札所 禅師峰寺
三十三番札所 雪蹊寺
三十四番札所 種間寺
三十五番札所 清滝寺
三十六番札所 青龍寺
三十七番札所 岩本寺
三十八番札所 金剛福寺
三十九番札所 延光寺

愛媛
四十番札所 観自在寺
四十一番札所 龍光寺
四十二番札所 仏木寺

徳島
一番札所 霊山寺
二番札所 極楽寺
三番札所 金泉寺
四番札所 大日寺
五番札所 地蔵寺
六番札所 安楽寺
七番札所 十楽寺
八番札所 熊谷寺
九番札所 法輪寺
十番札所 切幡寺
十一番札所 藤井寺
十二番札所 焼山寺
十三番札所 大日寺
十四番札所 常楽寺
十五番札所 国分寺
十六番札所 観音寺
十七番札所 井戸寺
十八番札所 恩山寺
十九番札所 立江寺
二十番札所 鶴林寺
二十一番札所 太龍寺
二十二番札所 平等寺
二十三番札所 薬王寺

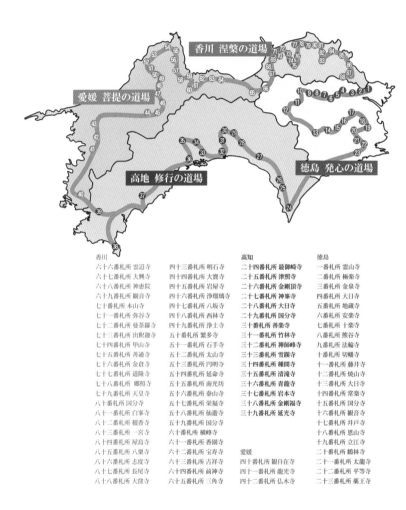

長濱　勝（ながはま　かつ）

1944年８月13日、鹿児島県生まれ。大阪市立東粉浜小学校、住吉中学校、大阪府立阿倍野高校、鹿児島大学農学部卒業。赤旗編集局、生活協同組合コープかごしま、生活協同組合コープ九州、福岡市鴻臚館跡展示館勤務。現在、各ボランティア等。長野県諏訪郡富士見町在住。

一期一会の四国遍路旅

八十路へ

2024年４月11日　初版第１刷発行

著　　者　長濱　勝
発 行 者　中田典昭
発 行 所　東京図書出版
発行発売　株式会社 リフレ出版
〒112-0001　東京都文京区白山 5-4-1-2F
電話（03）6772-7906　FAX 0120-41-8080
印　　刷　株式会社 ブレイン

ISBN978-4-86641-743-1 C0095
Printed in Japan 2024